JN439704

새천년해안도로를 따라

신정일 시선집

庚辰 申貞一

- 대전 태생
- (사)새한국문학사 『한국문인』 시, 수필 부문 등단
- 문인탄생백주년기념위원
- 미당시맥회 이사
- 한국문협 · 청계문학회 · 기독시문학회
  월천문학 성북문창 회원
- 미당시맥상 수상
- 청계문학 수필 · 시문학 대상 수상
- 시낭송 시인시대 작품대상 수상
- 시집 : 『꽃빛 햇살』, 『아버지의 묵언』, 『꽃집 앞에서』
  『그 꽃 피우게 하소서』, 『남해안도로를 따라』
  『우포늪 애비물꿩이』, 『레클리스를 아시나요』
  시선집 『새천년해안도로를 따라』
- 수필집 : 『하늘공원에 서다』
- 동인지 : 월천문학 『간이역』 2~12집
  청계문학 『청계의 향기』 2~4집 외 다수

새천년해안도로를 따라

신정일 시선집

동행

| 시인의 말 |

가슴에서 우려낸 몽돌

시는 생활 속에서 숙성되어 표출되는 보석이라 할 수 있다. 보고 듣고 느낀 경험, 상상 등을 아름답게 달구어 내는 몽돌이다.

비바람에 흔들리면서 의연하게 서있는 나무, 꽃도 흔들리며 핀다고 했다. 하물며 인간사 크고 작은 징검다리 얼마나 높고 깊던가.

산 첩첩 악산 넘으면서 이게 인생이라더라, 참고 견디자. 깊은 골짜기 빠져 나오며 이게 인생이란다. 좁은 뜨락 햇살에 화분 하나 둘 화양연화의 추억, 그게 인생이었다.

'가시밭에 한 송이 흰 백합화, 고요히 머리 숙여 홀로 피었네. (중략) 어여뻐라 순결한 흰 백합화야, 그윽한 그 향기 영원하리라.' 〈한 송이 흰 백합화〉 가곡을 눈물 흘리며 부르던 때가 있었다.

한 편 두 편 모아진 습작, 고 月川 李姓敎 스승님을 만나 詩로 꽃피웠고, 2012년 인생 3막에서 시림詩林에 등림하게 되었다.

가슴에서 우려낸 몽돌, 가슴으로 다듬어 펴낸 시집 일곱 권에서 추려낸 111편의 시를 『새천년해안도로를 따라』라는 명제로 시선집을 묶으며 돌이켜 본다.

독자들로 하여금 공감할 수 있는 몽돌이었나를.

쉽게 이해되는 시, 서정을 노래하고 싶었지만, 갈수록 어

렵다는 한계가 느껴지기도 한다. 그래도 나에게는 정서를 순화시키는데 시작詩作과 시독詩讀 만한 약도 없었다.

일제강점기를 벗어난 50년대 가난한 우리 국민은 초근목피 풀뿌리로 살아냈다. 게다가 6.25전쟁까지 겪으며 얼마나 힘든 때였었나. 완고하신 선친先親과 달리 백부伯父님께서는 여성교육개념이 투철하셨다. 어려운 시대였음에도 막내 질녀姪女인 나에게 초교 3년을 포함 9년간 교육의 혜택을 주셨다. "하늘에 계신 큰아버지께 이 책을 바칩니다."

건강한 습관으로 취미에 몰입하는 모습 보기 좋다며 찬사를 보내는 친구들, 어미를 지켜주는 울타리, 자녀들에게 늘 고맙고 감사하다.

아름다운 한 권의 책을 구워내기 위해 심혈을 기울이시는 출판사 '동행' 여러분께 감사를 드린다.

춘삼월 쌀쌀한 바람 스치는 봄날, 햇살 받으며 나비 한 마리 훨훨 날고 있구나. 만물이 솟아나는 새 희망의 봄, 이 봄은 또 얼마를 머무를 건가.

2023년 3월 3일 庚辰 申貞一

C·O·N·T·E·N·T·S

C·O·N·T·E·N·T·S

제2장 그 꽃 피우게 하소서

C·O·N·T·E·N·T·S

제3장 새천년해안도로를 따라

C·O·N·T·E·N·T·S

제4장 어머니 가시던 날

CONTENTS

제5장 레클리스를 아시나요

제1장
속삭이는 계절

태동하는 봄
꽃빛 햇살
속삭이는 계절
그날의 찬가
연蓮꽃을 심으렴
붉은 장미
미운 정 고운 정
그리운 어머니
옛 추억
나를 서글프게 할지라도
설악 단풍을 보며
우렁각시
아버지의 묵언
참사랑
천년의 밥
청록의 고요 그 평화
꽃을 보며
봄 그 화사한 꽃길
기다림 그 여유
전해 주렴아
목멱산의 봄
바다정원에 모인 사람들

태동하는 봄

오직 내일 위한 실가지
된바람에 떨고 있지만
생명의 원천 옹골진 그 속내

사랑의 새싹 잉태하여
울렁이는 입덧의 고충
하늘 향한 꿈의 옹아리 들려라

작은 집 큰 집
눈 흘겨 보내놓고
저만치서 서성이는 입춘
태동하는 봄의 서경敍景
연둣빛 무리 평온하구나

명지바람 타고 오실 임
기다리는 목련 꽃망울
실눈 감은 채 탯줄에 매달려
배시시 입 다물고 있구나.

꽃빛 햇살

길 위에 쏟아진 노-란 햇살
뿌려진 금빛 꽃가루
이건 꽃빛이야 화들짝 놀랍니다

겨우내 매서운 바람 견디어
얼음 땅 비집고 움트는 새싹
꽃빛 햇살의 지고지순 은총입니다

들에 파릇한 쑥·냉이·꽃다지
나물 캐러 오라 손짓하는 봄
사랑노래 소곤소곤 들려옵니다

양지바른 밭두렁에 앉아
따끈한 커피 한 잔 식는 줄 모르고
연둣빛 쑥 무리만 쫓습니다

파릇한 쑥 버무리 짐 올려서
은쟁반에 소복이 담아 놓고
향긋한 쑥 향기 마냥 즐깁니다.

속삭이는 계절

사분사분 오시는 이여
풀섶 모정의 언저리에
감로수 소곤소곤
정갈하게 흠뻑 뿌리소서

꽃봉오리마다
영롱한 물방울 매달리면
연둣빛 새아기
배시시 눈 비비누나

거기 생명의 환희를
천지에 초록의 환생으로
만물의 영혼을 적시며
사랑을 속삭이는 계절이여

희끄무레한 새벽 창문
날개 펼친 파랑새의 눈매
오늘도 내일도
만인의 가슴 농익은 삶이기를.

그날의 찬가

어느 집 뜨락에서
넘어보는 임이런가
라이락 수줍은 그 향기

오렌지 빛 오월의 햇살
북소리 둥둥
사방이 초록으로
잔치가 한창이네

초여름 옥빛 하늘에서
꽃달 꽃별이 뿌린 햇살 꽃가루
온 사방이 풀잎에 맺힌 이슬로
영롱하여라 눈이 부셔라

퇴원하던 날
찬란하게 빛나는 밝은 햇살이여
희미한 물안개 머릿속을
청정 우물로 인도하소서.

—1997. 5.

연蓮꽃을 심으렴

오돌돌 흐르는 우이천 물소리
산 그림자 흘러 맑은 물
발 담근 시원함을 무엇에 비하랴

무거운 짐 내려놓은 문우들
시 한 수 낭송하는 낭랑한 음성
녹음방초 시향에 취한 신선이네

한세월 지낸 후 꺼내어 보면
그리움으로 남을 화양연화
꽃향기 한 수 시가 돼랴

쏟아지는 빗줄기 흘러 황톳물
물 흘러 외롭고 세월 흘러 고독할
그 심연深淵에 연꽃을 심으렴.

붉은 장미

태양빛을 닮아
열정을 쏟는
그대 붉은 장미
6월의 꽃이여

실바람도
힐끗 돌아보는
요정
매혹의 꽃이여

내공의 몸부림 꽃피워
짧은 삶 영광의 축복
풀밭에 떨어진
꽃잎마저 저리 곱구나

한 마당
어우러진
은총의 축제
축복의 붉은 장미여.

미운 정 고운 정

시난고난 한 세월
병수발 하다 보니
죄짓는 일 많기도 하다

적막한 밤 눈을 감고서
오늘 또 무슨 죄를 지었을까
하루를 돌이켜 본다

잠든 그의 얼굴을 보면
저 아래 낭떠러지 회심灰心의 늪
연민의 정 강물로 흐른다

바람 불어 허탈한 마음일지라도
미운 정 고운 정 모두 모아
지켜 줄 수 있도록 기도를 한다.

그리운 어머니

갓 태어난 외손자
까만 눈동자 들여다보시며
니 어미가 그것 먹어서
넌 사내로 태어났겨

잘난 아들 둘이나
하늘나라 보내놓고
내리 딸 다섯 키워 내면서
돌부처로 살아오신 울 엄니

평생을 가슴에 묻은 회오悔悟
깊은 상처 얼마나 아렸을까
내 깨닫지 못하고 살았으니

외손자 안고 업고
덩실덩실 춤추던 당신의 모습
서리서리 내 가슴에 틀어 앉아
동아리로 쌓인 그리운 어머니.

옛 추억

파아란 밀보리 밭
바람이 불면
초록 물결 일렁이며
속삭이던 고운 노래

대궁 하나 꺾어
보리피리 불며
네 잎 클로버 찾을 때
아른아른 아지랑이 꽃피웠지

자운영 꽃반지
강아지풀 콧수염
하늘 보며 재잘대던
아련한 옛 추억 마냥 그리워

청보리 밭 앞에 서면
머-언 옛날
물보라 그리움이
실처럼 풀리어 오지.

나를 서글프게 할지라도

시난고난 그 세월
당신의 지병이
나를 서글프고
힘들게 할지라도
순명으로 참고 견뎌야 하리

쓸개 하나
떼어서 주머니에 넣고
진흙 속에
발목 잠겼을지라도
꽃대궁에 올찬 연밥 하나
곧추세워 익히리라

설한풍 얼음 밑
꿈꾸는 뿌리
알토란 여무는 끈기
활짝 꽃피울 때
그 향기 고우리라.

설악 단풍을 보며

세심洗心교 아래
하얗게 흐르는 물에 손 씻으며
유수의 세월이 아쉬워
詩 읊는 죽마고우

숲의 바다 울긋불긋 비단 옷자락
물안개 위로 솟아오른 산봉우리
권금성에 올라서니 신선이 따로 없네

불혹을 넘길 때 그이와 걷던 길
고희를 지나 혼자 왔더니
왜 홀로 왔느냐 권금성이 묻네

수십 세월 흘러도 변함없는 그대
인간사 고뇌를 어찌 알겠느뇨
빼어난 그대 모습 눈부시게 황홀하이다.

우렁각시

따끈한 차 한 잔
가슴을 적신
만년 단골손님
무어라 말했지라

햇살이 맑아도
비바람이 불어도
변함없는 그 자리
당신은 온유한 구도자

역지사지
물결 굽이마다 부딪혀
닦여진 나는 우렁각시
출렁이던 물보라 그때뿐

살피고 지키며
한세월 그렇게
그렇게 보내야지라.

아버지의 묵언

참상의 전쟁 6.25
초토화된 도시 황토구덩이뿐
소녀의 갈증 배움의 목마름
사뭇 허기져 있었습니다

서러운 가난이 미워서
큰아버지 댁으로 가겠다는
철없는 막내딸의 당돌함
물끄러미 내려다만 보셨습니다

긍정이고 허락이신 묵언
내 작은 형설의 밑거름
어버이날이면 더욱
아버지가 그리워집니다

그때 당신의 함묵은
금이요 보배였음을
가슴으로 깨닫기
60여년 세월이 흘렀습니다

일기장에 모셔진 사진 한 장

꺼내어 보고 보아도
여전히 근엄하신 아버지
오랜 세월 머물러 계십니다.

참사랑

—길상사 길상화를 기리며

나타샤의 그리움 서리서리
용오름 불꽃사랑 심어 놓고
끝내 오마지 않는 백석이여

일편청심 그리운 님
고조곤히 기리다가
세월의 인고 무소유를 소유로
전 재산 시주한 통 큰 여장부

젊음 바친 천억여 재산
'님의 시 한 줄만 못하다'는
자야의 순애보 동백꽃사랑
땅 꺼지는 깊은 한숨 소리
보이듯 들려라

보석이 제아무리 아름답다 해도
그녀의 절개만큼 아름다우랴
가슴 아린 그 풋풋한 참사랑
세세연년 만인에 회자되리라.

천년의 밥

무엇으로 살았나
무엇이 나를 살게 했는가
당신의 밥으로
천년을 살다 보니
그것이
살아가는 이치였나 봅니다

그대 있기에
조석 반찬 골몰하며
굽이굽이 장바구니 가득 채워
지성의 손맛 조물조물
천년의 밥 사랑의 손길이었습니다

그대 있어 내가 있고
나 있고 그대 있음에
모락모락 오곡밥 구수한 그 향기
사람 내음 훈훈한 행복입니다.

청록의 고요 그 평화

청명한 날
500냥의 도움으로
옛 도읍지 송악을
지척에서 볼 수 있구나

산새 들짐승 품어 안은
녹음방초 둘러싸인 산야
감미로운 햇살 임의 바람
자유롭게 넘나들건만

북녘을 살펴보는 도라전망대
우리들 발걸음만 가로막는
이 작은 땅의 허리끈
풀릴 날 그 언제이려뇨

고향 산천 품어 살피는
실향민의 간절한 눈길
그대 모른 척
어이 말이 없는가.

꽃을 보며

연보라 자잘한
라이락 꽃송이

임인 듯
놀랍게 반가운 봄의 향취

작은 꽃가지
만지자-악 만지자-악

긴 세월 병고에 갇힌 그에게
지난해도 망설이기만 했어라

환희의 봄꽃을 보면 보이고 싶어라
홀로 보기 차마 아쉬워라.

봄 그 화사한 꽃길

가로수 하-얀 벚꽃 이파리
하늘 오르다가
팔랑팔랑 나부끼는
황홀한 꽃길
꽃눈 쌓이는 길

앞서 가는 연인들
살며시 맞잡은 두 손
환한 미소 다감한 눈길
따사한 낭만 보기 좋구나

햇살 고운 날에
임의 바람 꽃바람
봄 그 화사한 꽃길
아련한 옛 추억
하염없는 임의 생각
꿈을 꾸네 꿈속을 걷고 있네.

기다림 그 여유

남도 오동도엔 동백꽃이
섬진강 언덕 휘돌아
홍매화 산수유 꽃봉오리
봄소식 실어 전해 오기에

행여
임 소식 예까지 와 있을까
삼각산 골에 발길 옮겼더니
그님 아직 감감무소식이네

서러움 많아 떨구지 못한
상수리 마른 잎 와삭 와사삭
진달래 어린 꽃망울 새근새근
따신 꽃잠 즐기고 있네

오마지 않아도
올 때 되면 오는 것을
기다려라 물 올리는 소리
가지마다 노랫가락 흥겹구나.

전해 주렴아

꽃샘추위 시샘해도
양지바른 비알에
덤불 속 비집고
수줍게 드러내는
노-란 얼굴 복수초
활-짝 웃고 있구나

고운 햇살 머문 자리
천지간 물오른 만물
표피 뚫어 산통 앓는 소리
위대한 모정의 힘이어라

에메랄드빛 하늘 아래
무심히 흐르는 흰 구름아
시난고난 외로운 구도자에게도
봄이 왔다고
봄 소리 들리느냐고
봄을 느껴보라고
소곤소곤 전해 주렴아.

목멱산의 봄

수줍은 봄꽃들의 향연
새소리 바람소리 도랑물 소리
꽃잎에 이는 바람 폴폴 폴
하늘 오르다 내려앉는 가경
그대 미모에 흠뻑 취하누나

하얀 꽃잎 쌓인 터널길
고조곤한 꽃길 연인의 낭만
꽃도 나무도 어우러진 꽃이요
너도나도 꽃 속의 꽃이로니
함박웃음 화사한 꽃이로다

하-얀 비단구름 흘러가는 여유
그윽한 하늘 눈빛 어머니사랑
육백년 도읍지 한양의 젖가슴
그대 모습 찬란하여라
황홀한 목멱산의 봄이여.

—2015. 4.

* 목멱산 : 서울 남산의 옛이름.

바다정원에 모인 사람들

솔향기 그윽한 속초 바다정원
출렁이는 바다를 연모하며
노익장을 자랑하는
빼곡한 휴양림 해송의 운치로다

수평선을 바라보는 쪽에
즐비하게 놓인 테이블·의자
수다를 실어오는 파도
잠시 속삭이다가 떠나는 나그네

낭만커피·핑크색 아이스크림
풍미를 즐기는 황금 쉼표
바다정원에 모인 사람들
가끔은 이런 분위기 보랏빛이더라.

제2장
그 꽃 피우게 하소서

하-얀 찔레꽃
야경의 광안대교
포암사布巖寺의 밤
오, 바다여
바다가 살던 곳
고향 집 가을 풍경
금혼역에 이르러
짝사랑
오월의 꽃향기
연잎 차
초록의 꿈
설앵초 꽃향기
봄날
영등할매
허심虛心
보듬게 하소서
그 꽃 피우게 하소서
사별
오마지 않는 사람아
마음의 기도
미워해서 미안해
그리움 그 하나

하-얀 찔레꽃

5월 꽃바람
청계천 언덕길 거닐다보니
한 아름 정겨운 찔레꽃
향내도 곱네

어린 아들 둘이나
가슴에 묻은 어머니 혼령인가
애련愛憐한 하-얀 찔레꽃
낭창낭창 가지마다 어여삐 피었네

풀 먹인 무명 치맛자락 품안에
앙증맞은 노-란 애기똥풀
꽃으로 환생하여 품어 안은
영락없는 모자母子 형상이로다.

야경의 광안대교
—부산 광안리에서

천혜의 비단 모래가
정답게 들려주는
억겁의 옛이야기
탑으로 들으며
맨발로 거닐던
출렁이는 바다
광안리 모래사장

쏟아지는 소낙비
퍼덕이는 광어의 눈물
포식의 즐거움만 한 가득
아름다운 야경의 광안대교
거대한 한 마리 황룡같구나

이 풍광 고운 정경
갈피갈피 고이 접어
조각보에 넣어두고
문득 생각날 때면
곱게 열어보며 말하리라
그때 참 즐거웠다고.

포암사布巖寺의 밤

푸른 숲에 둘러싸인
포암사의 깊은 밤
마당가 외등마저 졸고 있구나

여름 더위 가기도 전에
문 앞의 가을 손님
풀벌레의 세레나데
조록조록 여울물
실어가는 세월
뉘 막을 수 있으랴

빗물 젖은 풀잎 사이
미동 없는 사마귀 한 마리
거미줄에도 나뭇잎에도
조롱조롱 물방울 정겨웁구나

세속의 미운 번뇌 있거들랑
모두 털어 물살에 실려 보내라
초록바람 다가와 속삭여 주네.

오, 바다여

—속초 영금정 등대전망대 올라서

까마득한 남빛 수평선에 걸친
큰 배 작은 배 가는지 오는지
생명의 본향 끝없는 바다여

하늘 바다가 한 몸인 옥색 빛깔
망망대해 사위에 눈길가는 대로
가슴을 열면 마음도 넓어지렴아

고독과 시름 버거울지라도
그대 앞에 서면 무아의 신선
하늘 나는 한 마리 학이고 싶어라

머-언 미래를 향하여
그 품안에 인간을 품으소서
오, 바다여 푸르 청정 바다여.

—2012. 9.

바다가 살던 곳

—고향집 앞에서

수억 년 물결에 부서진
고운 모래 언덕
진분홍 호리한 해당화
곱게 피었던 곳이었지

가는지 오는지
잉크 빛 바다 저 멀리
황포 돛단배 바라보며
어디만큼 계실까
그리운 어머니
해당화 옆에서
꿈꾸던 어린 시절 어디갔나

바닷물 끌어가는 달님
뽀-얀 속살 드러내면
햇볕 쪼이는 붉은 농게
망둥어 파닥이던 갯벌
바다가 살던 곳 간데없고
초록 물결만 일렁이네
천수만 드넓은 평야여.

고향 집 가을 풍경

빨간 고추멍석 할머니 손놀림
하늘가에 잠든 황금빛 감나무

투덕투덕 도리깨질
서리태 메주콩 화들짝 튀어나고
마당가에 세워진 참깨 들깨단도
자근자근 매 맞을 각오란다

들에 나간 토종닭 무리
앞장선 빛 고운 붉은 장닭
사립문 안으로 몰고 오면
늘어져 잠자던 흰둥이
앞발 좍 펴고 기지개 켠다

모락모락 하얀 연기
산모롱이 외딴 집 한 채
심성 고우시던 어머니 숨결
고향 집 가을 풍경 눈에 어린다.

금혼역에 이르러

높고 넓은 수많은 징검다리
숨차게 오다보니 7호선 5번 출구
금혼金婚역에 다달었네

곱게 물든 단풍잎 매달린 채
소슬바람 불어 흔들릴지라도
연민의 정 기도하게 하소서

애증의 찌꺼기 내려놓은 나목
속내의 곰삭은 묵은지 맛
온기로 채워 살피게 하소서

붉게 물든 지평선 아름다운 노을
골목 안 가로등 그 인고의 성심
아낌없이 그를 사랑하게 하소서.

짝사랑

울긋불긋 곱게 물든 산야
어느 화가의 섬세한 붓질로
저리 곱게 색칠해 놓았나

소슬바람 불어오자 우수수
휘날리는 황홀한 저 풍광
낙엽 쌓인 길 사념의 길

가슴속 한 자락 머문 이여
실가지 사이 해맑게 내민 얼굴
아스라한 짝사랑의 강물이여.

오월의 꽃향기

뉘 부르는 휘파람 소리인가
코끝 스치는 은은한 향기
숨어 훔쳐보는 누구이기에
불러놓고는 보이지 않는가

두 집 좁은 틈새에 끼어
볼우물 수줍은 꽃댕기
이웃집 순이 같은 그대
해마다 요때쯤 오시는 이여

빼어난 여왕으로 피는
오월의 잔잔한 연보라
그 이름 라일락꽃이기에
순한 향내도 우아하구나

고목 둥치 언저리나마
두세 송이 곱게 꽃 피워서
너를 닮은 오월의 꽃향기
고고한 향내 물들이고 싶구나.

연잎 차

연잎 엷-게 우려서
잣알 몇 개 동동 띄운
따끈한 차 한 잔의 여유

모자람도 넘침도 아닌
컴퓨터 앞 사념의 이슬꽃
방울방울 찻잔에 고이는 구나

모락모락 피어나는 김 속에
지난여름 거닐던 연밭 그 향기
초록바람 연잎 연꽃 우련 어리어라

내년 여름에도 그곳에 가서
일렁이는 초록 물결 바라보며
꽃들과 나누리라 옛이야기를.

초록의 꿈

—솔숲 소공원에서

살랑살랑 한들한들
파릇파릇 나뭇가지
솔솔 부는 꿈속 바람
오월 햇살 은총이어라

반짝반짝 연둣빛 초록의 꿈
까륵 까르륵 아이들 웃음소리
하늘 높이 솟아라
둥실둥실 마구 솟아라

작은 숲속 공원 긴 의자
오월 햇살 달곰한 여유
소록소록 크신 은혜
너털웃음 크시어라.

설앵초 꽃향기

번뇌 집착일랑 털어버리고
모태의 흙 작은 삼태기에
한 그루 두 그루
꽃을 심어야지라

햇살 바른 동남 창가에
일곱 화분 나란히 가꾸어
겨우내 한 잎 두 잎 푸르더니
앵초 꽃송이 무성하구나

방실방실 홍자색 요정이여
물안개 자욱 흐르는 그 은은함
설앵초 꽃향기에 마냥 취하니
너 있어 내 뜨락이 풍요하구나.

봄날

쏟아지는 고운 햇살
산자락 휘감아 돌고

벚꽃 이파리 날리는
한적한 숲속 봄날

채신없는 곡예사 청설모
나뭇가지 사이 날다가

귀 쫑긋 날던 길 멈추고
나를 보는 해맑은 눈동자.

영등할매

남도 섬 산비알 아래
홍매화 배시시
꽃봉오리 터트리고 있네

정열의 피멍든 동백꽃
입춘 마중 나온 수줍은 그 얼굴
오동도 붉은 꽃물 수놓고 있네

햇살 퍼진 날 몰아치는 센 바람
곤두박질 난무하는 송이송이 눈꽃송이
영등할매 딸 손잡고 내려왔나보네

두어라 매서운 된바람일지라도
어머니 따스한 입김 스민 꽃바람
섬섬옥수 찬란한 봄 실어 올테니.

허심虛心

가늘고 길게
흔들리는 촛불
꺼질 듯 이어지는
뼈까지 서러울
병마와의 동행
홀로 외로운 길
허공을 난다
겨울 들판을 걷는다

지병의 지아비
그의 옆을 지킨다 해도
해 줄 수 있음이 하나도 없음이라
서걱서걱 대숲에 갈바람뿐이구나

중천의 달빛
비끼어 나는 외기러기
비우고 놓아야 사는
내 마음 너는 알리라.

보듬게 하소서

세월에 빼앗긴 그 풍모
휘청휘청 세 발足의 뒷모습
눈시울 어리어 하늘 우러러 봅니다

시난고난 긴-지병 빗물 스민 흙담
지친 담쟁이줄기 뭉친 응어리
유무형상 다 내려놓게 하소서

우리 그 강 건넌 후
뒤늦은 후회보다
보듬는 지성 살피게 하소서

아웅다웅 쌓아올린 벽돌
사랑이고 행복이었노라
가슴속에 새겨봅니다.

—2014, 1. 그의 병실에서

그 꽃 피우게 하소서

굽이굽이 인생길
부딪게 되는 만난萬難
보듬어 안고 가는 도륜道倫
밀려오고 쓸려가는
억겁의 연으로 맺어진 부부의 인연
다져지는 모래갯벌
고뇌 인내 환희의 기쁨
그냥 사람의 종자가 되겠는가

인내 맑은 정신으로 꽃잎 피우는
마음이게 하소서
햇살 바람 공기 오늘을 감사하는
마음이게 하소서
아름다움 간절한 소망 감사함을
기도하게 하소서
그 꽃 피우게 하소서.

사별

둘만의 온기로 푸근했던 둥지
아옹다옹 머물러
소곤대던 호흡의 공간
그때가 축복이었네
멀어져 가는
지난날의 추억이여

동그마니 홀로
남겨진 외로운 몽돌
유영하는 심연의 물속
기울어진 둥지
혼밥 혼생 홀로의 둥지
연옥의 하얀 연기만 흩어지네

홀로 가는 낯선 길
삶이 아닌 거야
축복이었던
지난날의 그리움
창밖의 외등 불빛
여울져 밀려오는구나.

오마지 않는 사람아

고운 햇살
꽃바람이면
그를 찾아갈 수 있을까

하늘가에 피어오른
하얀 뭉게구름이면
그를 볼 수 있을까

오지 못할 줄 알면서도
막연한 기다려짐 어이하랴
오마지 않는 그리운 사람아

단 한번 볼 수 있다면
못해 준 말 한마디만
말해 줄 수 있다면.

마음의 기도

굳어지는 구도자의 근육
여기저기 파스 하나 둘
그를 위한 움직임마다
꽃 이파리
피우는 마음이게 하소서

가늘게 흔들리는 촛불
그를 지키는 그림자
애달픈 연민 흐르는 강물
한 송이
꽃피우는 마음이게 하소서

열 번 마음 비워 다짐해도
마음과 실천이란 기름과 물
다듬고 깨달아야 사는 길
바닷가 몽실몽실 쌓인 몽돌
바위의 인내로 버틴 세월이여.

미워해서 미안해

훤칠한 키 알맞은 체격
귀 이마가 준수한 용모
하늘이 주신 밥그릇
그가 약골일 줄
모른 것이 실수였다

아홉 식솔의 밥줄
헌신짝 던지듯 버린 남자
그가 미웠다
철따라 몸져누우면
더 미웠다 섬으로 미웠다

강줄기 흐르는 중 내내
애인하자며
떨어지지 않는 여인네들
보기 좋은 떡인 줄
모른 내가 바보였다

기대면 따뜻해야 할 등받이
서산마루 고운 강물 출렁일 제
목울대 넘어오는 목울음

미워해서 미안 미안해
본정신으로 살아줘서 고마운 것을

40여 성상 안팎 보듬어
사람 종자로 허둥대다 보니
물 스민 흙담 볏짚 이엉에도
자작나무 상고대 반짝이는 햇살
일편단심 사랑이었노라 말하리라.

그리움 그 하나

햇살 오순도순
둘러앉은 따스한 툇마루
뜨개질 마무리에 몰입되는 무아

잠에서 깨어 온종일
하늘 올려보는 가슴에서야
그리움 그 하나 서성이지라

흐르는 강물 속삭이는 윤슬
청정 넓은 바다의 고요
옥빛 맑은 하늘 흰 구름아

겉으로는 평온해 보여도
가슴에서야 가슴속 깊이
그리움 가득 하늘만큼 높지라.

제3장
새천년해안도로를 따라

삶이란
운명이라면
나도 모를 내 마음
가을 깻잎
햇살 고운 날
제라늄꽃
초란의 미덕
고향집 벚꽃나무
새천년해안도로를 따라
삼척 그 환상의 레일바이크
꽃지해변을 걸으며
봄이 흐르는데
꽃집 앞에서
일흔 줄 그 향수
윤중로 벚꽃길에서
남도의 봄
빛나는 그 이름
지상천국 외도
북해도 해안을 따라
배려를
보름달은 임의 모습
반려 화분
노을 빛

삶이란

연인에서 반려자로
때론 오라비로 친구로
골골 고랑고랑 살다간 임아

금혼역 1번 출구 앞에
가로놓인 그 강 건너간 사람
본정신으로 살아줘서 고마운 이여

그놈의 연기만 사랑하지 않았어도
더 누릴 수 있었을 지상천국 축복의 삶
아쉽다 말한들 무삼하리오

타고 난 당신의 명줄이라면
서러워하지 않으리다
지는 꽃 섭리임을
때가 되면 나도 따라갈 것이기에.

운명이라면

약한 육신으로 태어난 그도
그를 만나게 된 것도
운명적으로 만난 그와 나
원망하지 않으리
후회하지 않으리
맡겨진 짐 지고 갈 뿐이리

사랑 미움 연민 쌓여 있기에
비껴갈 수 없는
그게 운명이라면
사랑하며 보듬어 안고 가야하리
밤마다 별들의 이야기
귀 기울이여 듣노라.

나도 모를 내 마음

어여어여 흐르는 윤슬
일렁일렁 푸르청청 산그림자
하염없이 바라보는 마음
흐르는 대로 마음가는 대로
가다보면 어디까지 가고 있는지
나도 모를 내 마음

덤불 속 비집고 올라온
작은 노-란꽃 눈여겨보다가
가슴에 고인 꽃잎 모아
더 작은 꽃이라도
한 송이 꽃으로 피워 보랴
이 봄에 뉘게 상의할 이가 없구나.

가을 깻잎

사시사철 윤기 잘잘
보들보들 가을 깻잎
시골장터 할매 노점에서
한 자루 끙끙 모셔 왔지요

팔팔 끓는 소금물에
한두 밤 재웠다가
조루루 따른 물 끓이고
또 끓여 식혀 부었죠

숨죽은 깻잎 한 켜 한 켜 사이에
다진 마늘 고춧가루 달달 볶은 참깨
차곡차곡 분단장 어여쁜 새앗씨
입맛 돋우는 맛 향기 좋은 밥도둑이죠.

햇살 고운 날

솔솔바람 햇살 고운 날의 유혹
어디라도 나가보라 거닐어 보라
가까운 산 조붓한 길 싸리꽃 능선

구불구불 풀섶 솔바람 길
노오란 애기똥풀 진보라 깨꽃
생글생글 반겨주네 어서 오라고

적송에 등 기대니 무아의 삼매경
다람쥐 한 마리 눈 맞추다가
손살로 달아나네 누가 뭐랬나

가을 하늘 고운 반나절의 숨 돌림
이만하면 마음도 푸르청청
하늘 바람 내 영혼도 파란 물들었구나.

제라늄꽃

거실 문 활짝 열면
내 뜨락 늘 푸른 대숲
비추는 햇살 반짝반짝 빛나네

붉게 피어 소담스런
제라늄꽃 송이송이
방글방글 웃고 있네

열려진 창문 솔솔바람 들어오니
한들한들 초록 이파리 붉은 꽃송이
송알송알 웃음꽃 어여쁘구나

지난 봄 곱게 피웠던 꽃가지
올해 핀 꽃 그 꽃이 아니로되
떠난 임 그리워 홀로 하염없어라.

—2016. 6

초란의 미덕

가늘고 기인 풀잎 사이
튼실한 꽃대궁 두어 뼘
소리 소문 없이 올라와
다소곳이 인사하네

연미색 나팔 모양 꽃
살짝궁 내민 노오란 꽃술
끊어질 듯 미세微細한 향내
우아한 기품 코끝에서 알짱이네

가냘픈 몸매 꽃댕기 나풀나풀
남창 겨울 햇살 초란의 미덕
은은한 향취 방안에 스미어
너를 품는 영혼 봄날이로다.

고향집 벚꽃나무

논 가운데
들마당가 벚나무
까만 버찌 따러 올라갔는데
칭얼칭얼 세살 조카 아이

우는 아이 달래려
내려다본 마당 가운데
붉은 혀 날름 벚나무 향해
두 팔 넘을 퉁퉁한 구렁이
검은 눈빛 아 이를 어쩌나

아득한 옛생각
시골집 들마당가
해묵은 벚꽃 몇 그루
올해도 흐드러지게
들마당 가득 피었겠구나.

새천년해안도로를 따라

치솟는 하-얀 물보라 촛대바위
그 절경 홀로 보는 사무친 그리움
하늘 나는 갈매기야 네가 알리야
밀려오는 파도야 너도 모르리

저 수평선 피어오르는
목화솜 위일까 파-란 하늘일까
어디메서 지켜보실까 그님이
눈 감지 못하고 떠난 하늘이여

하늘 바다 에메랄드 물빛
정라항에서 삼척 솔비치까지
동해안의 비경 가슴에 담으며
새천년해안도로 달리는 긴 사념

사랑의 몸부림 슬려가는 물거품
시름일랑 털어내라 존엄하게 살라
가치를 추구하라 파도의 속삭임
여생지락餘生至樂 올곧게 일어서라.

—2016. 10.

삼척 그 환상의 레일바이크

궁촌에서 용화로
용화에서 궁촌으로
비경의 해안 터널 오가는
삼척 해안레일바이크
어느 것 하나 환상이지 않으리

청명한 하늘 바다가
하늘이다가 바다이다가
돌돌 말아오는 물결이더니
신비의 터널 속 후루룩 빨려가네

바로셀로나의 영웅*
그의 이름이 맞아 주는
원더풀 터널 벗어나면
도열한 해송海松 높푸르네

고래 큰 입 환타지 터널 천정엔
요리조리 헤엄치는 상어 고래 오징어
오색찬란한 불빛 신비의 바다 속
환상의 레일바이크 다시 가고 싶네

* 황영조 : 바로셀로나의 영웅

—2016. 10

꽃지해변을 걸으며

할매 할배 바위섬 나란히
바닷물 푸르게 출렁출렁
그리워 마주보고 두둥실 떠있네

싸움터에 출정한 승언장수
기다림에 지친 미도부인
바위로 굳어진 넋이여

썰물 저만큼 밀려서 가면
속살 보인 몽돌 어깨동무
그리움 노래하는 부부 바위섬

꽃지해변 맨발로 걷노라면
임 그리는 애절함 들리어오네
가신 임 보고픈 이맘도 구슬퍼지네.

* 꽃지해변 : 충남 안면읍 승언리 소재

봄이 흐르는데
—의왕 왕송호수에서

삼사월 꽃피고 지는 소리
연초록 잎사귀 표피 뚫는 소리
동심이련가 소풍날엔 마음 설레라

봄빛 휘감은 버들가지 하늘하늘
왕송호 물새 높이 날아오르고
의왕 레일파크도 식후경이라

안개 자욱한 호수둘레 덜컹덜컹 레일열차
생명의 젖줄 봄비 오면 오는 대로
화사한 봄 노랫가락 즐거워라

허리 아래 물속에 잠긴 능수버들가지
봄비 자욱한 왕송호수 방울방울 빗방울
두어라 비가 온들 어떠랴 봄이 흐르는데.

꽃집 앞에서

봄이 오는 길목 꽃집 앞에
봄 마중 나온 화사한 꽃들이
오가는 이에게 포르르 인사합니다

조막만한 작은 둥지
앙증맞게 피어 있는 꽃
꽃집이 향기롭고 환합니다

꽃바람 타고 오는 봄
봄빛을 사들고 환하게 웃는 여인
꽃도 배시시 졸랑졸랑 따라 갑니다

봄의 햇살 흙의 사랑
꽃을 보는 여인의 심중에도
꽃바람 속에도 새 희망이 솟아오릅니다.

일흔 줄 그 향수

가을 들녘
하얀 토끼풀꽃 네잎 클로버
일흔 줄 그 추억 그 향수

손살로 날아간 화살촉
흐르는 세월을 어찌하랴
꿈 실은 채 가버린 일흔 줄

외로운 들꽃 들풀 푸르게
마음 이랑에 꽃 시詩 곱게 가꾸는
잔치 한마당 아직은 끝낼 수 없어라.

—2019. 12.

윤중로 벚꽃길에서

하얀 벚꽃 몽실몽실 피어
눈부신 꽃길 터널 만들어져 있습니다
벚꽃 이파리 하르르 꽃보라
윤중로 벚꽃길 인화人花 속을 걷습니다

걸음걸음 꽃길에서
그와 꽃 이야기 나누던
목울대 넘어가는 일지춘심을
가슴엔 화시花詩가 꽃잎으로 피어납니다

천년의 아쉬움 접어놓은 채
그리움 남기고 떠난 사람아
꽃보라 휘날리는 하늘 우러르며
연분홍 벚꽃길 하염없이 걷습니다.

—2018. 4.

남도의 봄

남도의 꽃소식
섬진강 휘돌아
흰 매화 눈 틔운 봄 햇살

보슬보슬 봄비 내리자
배시시 기지개 켜는 아가들
산수유 꽃망울 노랗게 웃고 있네

햇볕사랑 나긋한 봄바람
속삭이는 남도의 봄
성큼성큼 다가오네

나뭇가지 봄물 올리는 소리
산수유 진달래 목련꽃 모두 모여
벙글벙글 봄노래 한창이네.

빛나는 그 이름
—천리포수목원에서

수려한 이 땅에 반해버린
벽안의 푸른 눈

파도 소리 철석 처얼석
천리포에 자리 잡아
생애 홀로 열정 다 바쳐
나무 심고 꽃 가꾸어
세계 제일 꽃동산 만드셨네

연꽃 삼백초 습지식물
오만 가지 화려한 꽃들
우람하게 크고 작은 나무들
울울창창 하늘 보이지 않네
어화둥둥 큰잔치 벌어졌네

'나무처럼 살리라'던
벽안의 푸른 눈
나무처럼 살다가
나무 밑에 묻히셨네
그 혼불 영원히 숨쉬며
큰 나무로 푸르게 살으시네

'천리포 수목원' 큰 꽃 피우신 분
길이 빛날 그 이름 민병갈*
푸른 삶 위대함을 그려보네.

*민병갈 : 미국계 귀화한 한국인. 한국 최초 사립수목원 설립자. 귀화 전 이름 : 칼 페리스 밀러

지상천국 외도

손끝으로 빚은 풍광
그대 둘이서 피땀으로 일군
황홀 찬연한 지상천국 외도
이창호 최호숙 부부의 혼이 숨 쉬는 곳

꽃과 나무 사람이 빚은 조각품
하늘 바다가 어우러진
신비로운 섬 하나 외도外島
잔잔한 파도연주 물새무리 춤추네

신에 도전하는 인간의 능력인가
인간이 빚은 경외敬畏의 외도
바위에 부딪쳤다 흩어지는 물보라
아삼-한 추억 다시 가보고 싶네.

북해도 해안을 따라

설레는 마음
달뜨는 마음
태평양 긴 수평선에
환상의 눈길 보내며
살아있음의 축복에 감사함을

수평선에 걸친 점 하나 배 한 척
내가 바라는 간절한 손님 한 사람
단 한 번만 실어올 수 있다면
이 자리에
선 채로 바위가 되어 기다릴 것을

북해도 해안을 나는 쑥국새 눈망울
태평양 짙푸른 수평선을 바라보며
다시 오지 못하는 머나 먼 그곳
그를 그리며 하염없는 눈물만 흐르네
그대 백마 타고 하늘길 오른 임아.

배려틀

마음 깊숙이 병甁 하나
무엇을 담을까 하니
꿀 담으면 꿀병이오
꽃 꽂으면 꽃병이라

낭만 포용 빛어 담아
아롱아롱 고이고 매만져
가슴의 시 곱게 피우면
시인의 꽃병 되리라

풍성한 가을 들녘 숙인 벼이삭
농원의 주렁주렁 붉은 과일
익을수록 도량 넓은 배려를
그게 바로 익어가는 인생인기라.

보름달은 임의 모습

2월 보름날
낮달 하얀 빛에
실려가신 임아

달마다 보름날 밤
환한 달빛으로 오시는 그대
보름달은 임의 모습

단장의 설움에 잠기면
슬퍼마라 생사소멸이거늘
이승에서 영생은 없음이라네.

반려 화분

푸른 잎 헤집고
맑은 눈빛 비추어 들여다보면
고개 숙인 하얀 꽃봉오리
대궁 밀어 올리는 소리

붓 끝에 분홍빛 물들이며
화들짝 꽃이파리 올리고
생글생글 꽃인지
꽃잠 자는 나비인지
다소곳한 시클라멘꽃

씩씩한 고무나무 테이블 야자수
눈 깜짝 사이 새끼 치는 선인장
화상 응급치료 약품 알로에
색스폰 모양 연미색 풀란꽃

겨울 햇살 가득 밝은 거실
생명수 뿌리며 도란도란 그 재미
꽃피워 보답하는 반려 화분
이 또한 내 안의 소소한 행복이구나.

—2019. 2.

노을 빛

독락獨樂할 수 있어야 한다
자원봉사를 하든가 돈을 벌든가
취미를 살려 몰입하든가

스스로 챙기는 건강
취미에 몰입하는 모습
가끔 밥사·차사도 하는 노을 빛

동백꽃으로 피었다가
지고지순 곱게 지리라
각인시키는 말로 나를 세뇌하자

매일 한결같이
햇살을 즐기고 나를 사랑하며
줏대 세워 아울려 살자

좋은 말을 반복하면
말대로 움 틔운단다
뜨락에 동백꽃 곱게 피었구나.

제4장
어머니 가시던 날

그리운 노래
꽃으로 피는 그리움
나무의 정情
수정고드름
혼·밤의 상념
텃밭에 뿌려진 그리움
어머니 그리운 어머니
모닥불 피워 놓고
겨울에 그리운 사람
詩, 마음을 달래다
꿈 하나
남해안도로를 따라
사임당 예찬
오작교를 거닐며
백로야
화양연화 그 추억
어머니 사랑
어머니 가시던 날
둥글둥글 둥글게
그리운 여보야
미완의 인생
최고의 하루

그리운 노래

서럽게 파란 하늘이
시리도록 투명하구나
따시게 덮어주는 겨울 햇살
바닷가 모래사장 발자국 소리
침묵의 되새김질 속 깊던 사람아

하늘 바다가 한 몸인 양
진한 남색의 먼 수평선
청정한 그곳에 눈길 머물면
천국이 어디메이뇨 물어도
물어봐도 메아리마저 없구나

밀려오는 파도야 떠나간
내 님 한 번 실어 오렴아
대답 없이 밀려가는 물거품
어찌하랴 자연의 섭리라고
가슴으로 부르는 그리운 노래여.

—2017, 12.

꽃으로 피는 그리움

보령 마을포구 백사장 밤바람
머풀러 팔랑이며 거니는 여심
멀리서 밀려오는 파도 소리
애끓는 여인의 속울음 소리

때때로 곳곳에서 문득문득
꽃으로 피는 그리움
밤바다 갯바위에 부딪치며
우엉우엉 파도 소리로 운다

수평선 너머에 사선 긋는 별똥별
단장 저미는 누구의 눈물인가
환상의 그대 모습 하얀 물거품
가슴속 석순으로 머문 사람아.

—2018. 10.

나무의 정情

사람보다 정이 많아서
나무는 나무들은
오그랑 마른 나뭇잎을
떨구지 않고 달고 있구나

거리의 가로수 플라타너스
말라 오그라든 커다란 잎
못 버리고 매달고 있으니
바람의 심술 한 잎씩 떨구누나

꼬부라진 가냘픈 잎마저
아까워 달고 있는 단풍나무
붉은빛 그대로 무성한 이파리
지조골지조골 겨울새 보듬어 주누나

천만 갈래 휘휘 휘늘어진
개천변 수양버들가지
언제까지 푸르게 푸른 잎
매달고 있을지 물어나 볼 걸.

—2017. 11.

수정고드름

눈 뜨면 보듬어 안기는 사람
하루 내내 맴돌다가 맴을 돌다가
잠자리에 들면서 함께 잠드는
그리움은 수정고드름

상흔이든 흔적이든
지우개로 문질러
지울 수 없는
고운 정 미운 정이었드라

지나고 보니 짧은 세월
아옹다옹 살아온 살붙이
누가 뭐래도 아쉬운 갈피
정이요 사랑이었드라

화양연화 그 환영
밀려오고 쓸려가는 물보라
가슴속에 매달린 수정고드름
석순으로 자라 화석이 되리.

혼·밤의 상념

노을 강 외롭고 고독할지라도
그러려니 가슴 끝자락 쓸어내네
인생 홀로 왔다 가는 길
홀로의 삶 너무 길지 않으면 좋겠네

굽지 않은 어깨 허리 다리
아직은 움직임 온전하리니
터엉 빈집 꽃들만 화사한 봄날
꽃 질 때 함께 잠들면 좋겠네

꿈의 하늘공원에 올라서서
마음 밭에 화시花詩 가꾸며
흰 구름 동무하여 노닐다가
해진 밤 꿈꾸듯 잠들면 좋겠네.

텃밭에 뿌려진 그리움

우리 젊은 날 켜켜이 쌓인
오래 묵은 초가삼간 다시 오니
지붕도 벽지도 여기저기
틈새 나고 빛바래져 있구려

사르비아 추억이 머문 집
올망올망 아이들 꿈꾸던 둥지
꽃피는 봄 꽃잎 모아
새 단장 꾸미니 더 간절한 사람아

양지바른 하-얀 집
텃밭에 뿌려진 그리움
서성이는 세월 얼마가 될지
그날까지 성심을 다해 살아내야지.

—2017. 4.

어머니 그리운 어머니

맛이 그만인 호박고구마
황금 속살 그리도 곱느뇨
달달한 맛 혀끝에 녹아
살살 스르르 봄눈 같구나

햇살 바람 공기 흙의 기운
농부님네 구슬 땀방울
요리조리 호박고구마 맛
먹거리로 내리신 감사함이여

삶은 고구마 동치미 앞에 놓고
둘러앉아 화롯불 돋우시던
어머니 그리운 울 어머니

문풍지 바르르 떨던 그 겨울
모두 다 어디 가고 홀로 남아
애잔한 그리움만 사무치누나.

모닥불 피워 놓고

석양빛 노을에 걸터앉아
모닥불 피워 놓고 몽돌을 달구리

석류나무 텃밭 이랑에
시란詩卵 품어 10년 남짓

여든 굽이 휩쓸린 세월의 몽돌
청솔가지 불꽃 속에 달구어 빚으리

동글동글 청홍구슬 금실에 꿰며
노여老餘의 풍미 詩꽃 가꾸어
영혼에 보양을, 평심으로 살리라.

겨울에 그리운 사람

마-트에서 먹거리 살피노라면
외로움이 스르르 녹아내립니다
찰나의 행복이 느껴집니다
그가 생전에 좋아하던
삼동三冬을 뚫고 나온
두릅 순에 눈빛이 머뭅니다

통통한 두릅 순
봄맛을 즐기며
술맛을 사랑하던 그 사람
'청하'를 즐기던 모습이
어른어른 아른거립니다

봄을 몰고 올 겨울 끝자락
파릇한 두릅 순 앞에 놓고
그리운 사람이 그리워집니다
미운 정 당신이 그리워집니다.

詩, 마음을 달래다

시 한 줄 써 놓고
영혼에 낀 먼지를
털어내 헹궈 봅니다

시 한 편 써 놓고
구겨지려는 마음을
다림질합니다

울적함을 달래며
기쁨일 때도
넉넉해질 때도 있습니다

햇살 바람 공기
작은 풀꽃 하나에도
세상이 너무 감사함을 느낍니다

아름답게 보고 느끼며
한 송이 꽃으로 피워내면
詩, 마음을 달래 줍니다.

꿈 하나

달빛 아래 속빈 대나무
무심무아 제로일지라도
꿈 하나쯤 가지고 있지요

속 비어 편안한 제로의 평심
간절한 꿈 하나
홀로 가는 길 꽃길이기를 간구하지요

돌아올 수 없는 강 건너 향촌
세월 흘러 검은 말에 실려 가면
향촌동산에서 그를 만날 수 있을지

남아 있는 그길 무탈한 꽃길이기를
지고한 꿈 하나 영육의 올곧음
꽃길로 가리다 그길로만 인도하소서.

남해안도로를 따라

평화롭게 조으는
오밀조밀 크고 작은 섬들
남해안도로를 따라 펼쳐진
아름다운 정경 환상의 꽃길이로다

만상을 품어 안는 바다
반짝이는 윤슬 담대한 물빛
바다의 민낯 저 수평선
바라만 봐도 행복해지는 바다

꿈꾸는 바닷물 위에 망망히 펼쳐진
부요의 상징 전복 가리비 양식장
나란히 줄 선 황금 검은 김밭
뉘 예 와서 감히 돈 자랑할 수 있으랴

섬섬옥수 신의 은총
기암괴석 절벽에 뿌리내려
우뚝 선 미송의 굳은 절개
남해안 여행 만만세 꿈의 천국이로다.

사임당 예찬

강릉이 아름다운 건
바다와 산의 어우러짐이요
강릉이 효향인 건
사임당이 계셨음이라

오죽헌에서 사모정까지
그 옛날 사임당과 율곡 모자가
도란도란 손잡고 오가던 길
세계 유일의 '어머니 길'로
명명된 사랑의 길 걷노라니

효성이 지극하셨던 삶
초충자수 그림 시詩에 능하신
현처 현모이셨던 사임당
고액화폐 오만원권에 사임당
오천원권엔 율곡 초상화
길이 빛날 서광 율곡의 모친

평산平山 벌의 뿌리
신 장절공 시조님의 자자손손이신
영원히 살아계신 그 이름 신사임당

세세연년 길이길이
찬미 받으소서. 숭앙 받으소서.

* 신 장절공 : 고려개국태사 신숭겸申崇謙장군.

오작교를 거닐며

임은 가고 없어도
화강암 오작교烏鵲橋 긴 세월 그대로
연못 속 빛바랜 누런 큰 잉어
겨울 물살 유유자적 노니는 모습

세월의 흔적 남원 광한루 연못가
송강 정철이 심었다는 왕버들
한 오백년 연륜의 버거움인가
받쳐지고 비틀려 올라간 둥치

울퉁불퉁 고목에 새순 돋아
푸른 봄꿈 서리서리 서린
휘늘어져 하늘하늘 천만 실가지
손잡고 흔드니 또한 반갑다 하네

젊은 날 그이와 거닐었던 오작교
그는 가고 없어도 추억이 그리워
반짝이는 은하수 맑게 흐르는데
추억에 젖어 하염없이 거닐고 있네.

—2018. 12.

백로야

하늘 날던 백로 한 마리
홀로 가는 길 너무 외로워
정릉천 맑은 물에
외발 딛고 서 있더냐

허기진 그리움에
긴 목 늘여 빼고 허공
응시하는 맑은 눈망울
임 그리는 외로움이더냐

고운 정 못 잊어 그리워하되
외로움 병일랑 앓지 마라 백로야
홀로인 끝자락 다부지게
견뎌야 올곧은 삶이란다.

화양연화 그 추억

무릎에 포근히 안긴
초롱초롱 맑은 눈망울
옹알옹알 옹알이 하던 천사
말문 열리어 감동 쏟아내던
재롱둥이 아장아장 그 모습

비바람에 흔들리면서
인내 꿈 실어주던 빛나는 보석들
살아내는 양식 희망의 원천이었지

믿음직한 열매
든든한 울타리 튼실한 기둥
그대들 건강만 지키시라 이젠
순간마다 감사기도 드린다오

화양연화花樣年華
어느 때였는지 누가 묻는다면
작은 화분 곱게 늘어놓고
물 주고 사랑 주며
정원 가득 웃음꽃 피우던
그때
가장 행복했노라 말하리라.

어머니 사랑

매서운 삼동三冬 견뎌낸
오동통 살찐 봄 쪽파
액젓 고춧가루에 버무리면
입맛 돋우는 알싸한 파김치

살짝 푸르게 데쳐 돌돌 말아
초고추장 곁들이면 쪽파강회
달래 냉이 꽃다지 보약보다 좋다며
봄나물 먹이려 애쓰시던 어머니 정성

봄나물 산나물 주린 배 채우던 그 시절
제철의 산마늘 취나물 봄쑥 알고 보면
보약 아닌 것이 없더라 평생의 건강
어머니 사랑이었음을 이제서 깨닫도다.

어머니 가시던 날

들마당 가운데 회오리바람
어머니 가시던 날
명주치마 휘날리며 오르시나

오작교 저편 깜박이는 별빛
섬으로 쌓인 평생의 자책
키우지 못한 한恨의 무계

아들 선호하던 시대
어린 두 아들 가슴에 품고
평생 얼마나 아리셨을까

내리 딸 다섯 키우며
한 삶 부처로 살아내신
어머니 마음 어머니 일생

쌍분으로 모셔진 두 분
하늘나라에서 모두 만나
손잡으시고 영생복락 누리소서.

둥글둥글 둥글게

높푸른 저 하늘 둥글고
해도 달도 둥글고
만물의 생성생육
지구별도 둥글둥글

둥긂 속에 태어나서
둥근 해와 둥근 달의
정기精氣 받아 자란 몸이
마음인들 모날 수 있으랴

배려의 말 힘 실어주는 말
용기 돋우는 아름다운 말로
곧고 바르게 심축心軸 세워
둥글둥글 둥글게 살아가세.

그리운 여보야

이른 새벽 창문을 여니
소복소복 소담한 눈꽃이
줄기차게 푹푹 내려 쌓이네

겨울나무 성근 가지마다
눈부신 하얀 드레스 입혔네
은빛세상 홀로 보기 아까워라

여보야 눈이 오고 있어요
하늘 문 열고 내려다 보시라요
소식 전할 수 없는 그리운 사람아

즐거움도 아린 마음도 주절주절
편히 들어주던 만년 친구 여보야
이 새벽종을 어디에 울려야 하는가.

미완의 인생

굽이굽이 인생 굽이
아홉 굽이 돌아 돌면
바뀌는 이름의 나이테

이립 아홉 모롱이 불혹의 진입로
무에 그리 서러웠는지 나도 모르게
앉으나 서나 쏟아내던 눈물주머니

지천명 이순 아홉 담담한 고희古稀역
일흔 줄 여백 풍치 좋은 남해안 레일바이크
내 몫의 텃밭 이랑에 심은 아롱아롱 석류꽃

문인화 산수화 시 수필 시낭송
굳은 흙 호미로 긁어 뿌린 정성
이도저도 흡족하지 않는 미완의 인생이더라.

최고의 하루

기분 좋게 눈을 뜨면서
'감사합니다 오늘도 깨워주셔서'
설레는 맘
새벽을 열어 오늘을 맞는다

시끌벅적 수다 떨고 함박웃음
저쪽 테이블 대여섯 남정네들
저만하면 성공한 노년인 거야
눈여겨보던 J여사가 한마디

희희낙락 여생지락
돈도 명예도 아니야
마음 통해서 편한 친구
詩 한 편 건지는 날이면 대박이고
그날그날 무병이면 최고의 하루인 거야.

제5장
레클리스를 아시나요

물 바위 바람소리

천년 시름 마다 않고
굽이굽이 흐르는 물살
가부좌한 낮은 바위 하나

쨍쨍한 폭염 햇살
청명한 여름 하늘
조록조록 흘러가는 가요歌謠

나그네 시 한 수 읊어내면
피서객의 멋이요 맛이로니
물 바위 바람소리 풍류로다

스치는 바람의 밀어 달달한 애무
내려놓은 마음 낮은 곳으로 흘러라
넘치지 않는 바위의 인내로 살리라.

계곡 물소리

삼각산 정기 받은
정릉천 상류 계곡물

울퉁불퉁 암반 위를
내달리는 맑은 물의 행진곡

솨솨 조록조록 청아한 물소리
바위에 부딪힌 하얀 물보라

고뇌 그리움 내려놓으라는 속삭임
귀 기울이면 어머니 자장가

물소리 바람소리 새소리
마음 씻어주는 자연의 법문

욕심의 흔적 실어가는 계곡 물소리
먼지 낀 이 마음도 한 겹 속을 씻어냅니다.

애기똥풀

산길 냇가 마을 주변 풀섶에
옹기종기 무리지어 지천으로 핀
네 쪽 꽃잎파리 활짝 웃는 노랑꽃

하고많은 이름 중
무슨 사연 있기에
하필이면 애기똥풀이더냐

오다가다 너를 보면
갈피갈피 끼워진 먼 옛날
작은 궁전 뜨락 굽이굽이 긴 사연

애지중지 울 애기
노심초사 밤새우던 초년 엄마
애간장 타던 그때가 떠오르는구나.

삶의 끈

한 사람
떠나간 후
혼자 남는 것
너무 힘들더라

서산마루 걸터앉은 노을빛
홀로 가는 초행길
그것 참
막막하더라

적막 쌓인
텅 빈집 빈방
외롭고
서글프고 서럽더라

숨 쉬기조차
힘들더라
둘이 함께 한 삶
서로의 끈이었더라.

은혜의 가을

어김없이 찾아와 준
또 한 번의 감동
불타는 산야의 붉은빛 노란색

나무마다 주렁주렁 사랑의 열매
누렇게 고개 숙인 수수·벼이삭
은총의 가을 큰 빛으로 익어가네

도토리가 후 두 둑
입 벌린 밤송이가 툭툭
가을이 떨어지는 소리더라

산에 들에 곱게 익은 축복의 열매
꿈이 큰 꿈을 키우는
이 가을에는 감사기도하게 하소서.

시월이 유혹하건만

청자색 하늘빛
하-얀 새털구름아
조개구름아
어디메로 흘러가느냐

한탄강 협곡 주상절리 비경
은하수 하늘다리
와보라 손짓하며
10월이 유혹하건만

모임도 여행도
내일 위해 자제하자
거리두기 실천하자
간곡한 협조부탁 코로나 팬데믹

유혹은 유혹으로
안개로 피었다가 흩어집니다
꿈은 꿈으로
황금세월 싣고 덧없이 흘러만 갑니다.

—2020. 10.

오대천 물의 노래

울퉁불퉁 경쾌한 두드림
무슨 내력 싣고 어디메
손살로 흘러가느냐

태백산 줄기 솟아오른
산자락 골골 계곡엔 맑고
달곰한 샘물도 많다더라

골짜기서 흘러온 맛 좋은 샘물
신라 성덕왕 옛이야기 싣고
세월가 부르는 오대천 맑은 물아

오대산 넓은 계곡 웅혼한 물의 노래
한강수와 몸 비비며 바다에 이르기
고난역경 포용 유연한 노래를 듣노라.

* 오대천 : 강원도 오대산 월정사 옆으로 흐르는 계곡천

옛 동네 한 바퀴

가난의 대명사 60년대
스무 살 무소유 '한 밭'의 민들레
난생 처음 바람 타고
홀씨로 날아온 낯선 한양 땅

정릉골 솔밭마을에 자리 잡아
산수傘壽로 익어온 옛 동네
품위를 자랑하던 노송의 운치
옹기종기 서있던 솔밭 간곳없어라

정릉천 물길은 여전히 맑아
도레미파 조록조록 행진곡
이 골목 저 골목 동네 한 바퀴
살았던 옛집 이 집인가 저 집인가

'청수냉면공장' 옛 터엔 큰 아파트
이곳저곳 우뚝우뚝 빌딩숲뿐
정든 이웃들 강남으로 옮겨갔나
스치는 얼굴 낯설기만 하여라.

* 2020년 한 해, 코로나 집콕살이 때
* 한 밭 : 대전의 옛 이름

레클리스를 아시나요

명마의 후손 한국 태생
한국전쟁이 낳은 영웅
아침해
레클리스Reckless를 아시나요

연천 고랑포구 역사공원
등에 탄약을 잡아맨
용마 동상 앞에서
안개비 어리더라 고마움에

산악 전투지역 탄피 속에서
기수騎手도 없이 홀로
하루 수십 번 오르내리며
탄약무기 날랐다니
검은 눈 껌벅이며
얼마나 고달팠을까

수십만 젊은 목숨 바친
중공군과 미 해병대의
치열한 공방전
비 오듯 퍼붓는 총알포탄 속에서

총상을 입고서도 살아남은 기적
승리로 이끈 레클리스의 공적
동상 앞에서 목울대 아리더이다.

* 서울 신설동 경마장에서 '아침해'라 불리던 경주마.

말 좀 해보소

코로나 팬데믹 방역시책
풀었다 조였다 3년째 거리두기

갈 곳 많은 집밖 그리워
수련회 갔다가 무더기로 확진
노래방에 모인 젊은 기개
신나게 노래했는데 떼로 감염

코로나로 숨지는 주검
베 옷 한 벌 못 입고
마지막 배웅 없이 가는 길
어허야 애닯다 어이하리

나죽집산 시대 표출 사자성어
나가면 죽고 집에 있어야 산다
코로나 팬데믹 언제 끝날지
누구 아는 이 없소 말 좀 해보소.

첫 손님

전 부침을 끝으로
묵은해 잘 가시오
뒤척이다 잠든 사이
살포시 내려오신 손님

고유명절 설날
반가운 첫손님 서설瑞雪
솔가지 위에
소담한 꽃선물 주셨네

백포를 입고 오신 손님
은빛세상 만드셨네
두둥실 떠오른 태양
어화둥실 눈이 부셔라

소복소복 쌓인 눈길 밟으며
삼태기로 쓸어 담으리 복福을
올해엔 좋은 일만 있게 하소서
만인의 염원 이루어지게 하소서.

지구촌 몸살

바다 속 바슬바슬 쌓인 플라스틱
가지가지 밀려와
쓰레기 큰 섬 둥둥 떠 있다지

우리 강산 곳곳 산업·재건축 폐기물
쌓이고 쌓인 쓰레기 산
백삼십 몇 개 있다던데

물 한 모금 마시고
쉽게 버려지는 종이컵
아마존 밀림만 훼손되겠는가
고도의 산업화 지나친 탄소배출
빙하지역 녹아내리는 기후위기
병든 지구촌 몸살인가 재앙인가

어디까지 묵인하시려나 신神은
소비문화 산업구조 확 바꾸어
조금 부족한 듯 살 수 없어
멈추지 않는
사피엔스의 꿈 어찌 하리야.

하얀 봉투

막내가지 둥지 틀던 날
늦은 밤 흥얼흥얼
갈지자로 귀가한 우리 집 큰 기둥

가난한 집 맏며느리로 고생 많았어
말없이 견뎌낸 것 내가 알지
날 믿어줘서 평생 고맙다
하얀 봉투 하나 밀어 놓던 사람

맏가지 노릇 잘해냈다고
긴 세월 애썼다고
등 한번 다독여 줄 걸
말 한마디 못한 아쉬움

얼레줄에 매달린
하얀 봉투 하나
그 말 한 소절 꼬리 흔들며
오랜 세월 허공에 맴돌고 있네.

5.10 기원祈願

청와대 시대 막 내리고
용산 시대 열리는 날
구름 위에 무지개 어렸네

취임선서 박수갈채 지켜보는
세계정상 운집한 국민 축하객
5월 햇살 국가부흥 경축하네

인정仁政 베푸는 정부로
민생안정 최선의 국토방위
존엄한 사회 안정된 삶
편히 살 수 있는 나라
만백성의 바램이렸다

취임식 지켜보는 우리도
도덕 윤리 법정신 준수하는
국민으로서 본분 다하세

통합발전 위해
보완 협치 애국애족
민주자유국가 지켜가세

새로운 시대 열리는 오늘
무지개 피어나 듯 우리 함께
나라사랑 지혜 모아 자유대한 키워가세.

—2022. 5. 10.

세월이 약

생각은 말이 되고
말은 행동이 되며
행동은 습성이 되고
습성은 인격이 된다더라

사려 없이 퉁퉁 내뱉는 됨됨이
진즉에 감지 못한 내 잘못이야
사람 볼 줄 모른 내 잘못이야
오지랖 넓게 다가간 실수인 거야

가슴에서 지우려 해도 소용없고
바람결에 뽑으려 해도 소용없는
가슴속에 콕 박힌 막말의 화살
무심무아 살다보면 삭아지겠지

가라앉은 찌꺼기 쏟아내고
마디마디 걸린 가시 뽑아
달빛 속에 묻고 살다보면
잊어지겠지 세월이 약이더라.

시를 잉태한 그대

앉은뱅이 노랑 꽃다지
3월 햇살의 은총 섭리대로
겨울 밀어내고 봄이 오셨네

파릇이 눈뜬 능수버들 실가지
우리아기 눈 비비며
그네 타듯 한들한들 춤추네

봉긋봉긋 영춘화 개나리꽃 몽우리
뾰족뾰족 솟아난 목단 새싹
만상만물 모두를 잠 깨우셨네

시를 잉태한 그대 봄·봄·봄
활력 넘치는 신비의 새싹
힘차게 솟아오른 생명의 신비여.

누가 탓하랴

머리가 허여면 어떠랴
비바람에 주름진 얼굴이면 어떠랴
걸음걸이 좀 시원치 않으면 어떠랴
두 다리로 걸을 수 있응게 감사하지

녹슬지 않은 온전한 영혼
맘이야 청춘인들 누가 탓하랴
원미산 진달래 꽃동산에서
꽃잔치 여유를 누려보세

개나리 진달래 벗꽃 이팝꽃까지
젊은 연인 어른 아이 모두가
어우러진 평화 꽃들의 향연
꽃과 더불어 오늘을 즐겨보세

봄마다 꽃피워 삶을 자랑하는
지리산 화엄사의 홍매화를 보라
우리도 우아한 황혼의 청춘을
노래하세 친구야 함께 놀아보세.

고장 난 벽시계

함께한 세월
정 때문에
버리지 못 하는
고장 난 벽시계

6시 20분 25초
초침 분침 시침
시치미 뚝 떼고
꼼짝 않는데

시계추만
왔다 갔다
멈추지 않네.

자연의 법문

한 점 구름 없이
싱그러운 오월 파-란 하늘
꽃빛 햇살 반짝이는 나뭇잎
연초록 춤추는 천변川邊 풍경

경쾌한 계곡 물소리
쏼쏼 돌돌 조록조록
반짝반짝 은빛 물비늘
잽싸게 흘러가는 냇물아 세월아

울퉁불퉁 암반물살에 담근 발
종점이 가까워서야 주신 여유
물소리 바람소리 햇살의 은총
자연의 법문을 귀담아 듣노라.

강진強震 앞에
—튀르키예 강진을

재앙 앞에 나약한 호모 사피엔스
마구 무너져 내리는 고층 건물
아수라장 아비규환 절규

잔해 틈에 낀 딸의 굳어진 손목잡고
슬픔에 빠진 아비의 울부짖음 메아리친다

수많은 목숨 이슬처럼 사라진 강진
하늘이 울고
만인이 울고
케말 파샤의 영혼이 울고

세계인의 응원 밑거름 되어
태양처럼 솟아오르게 하소서
절망에서 일어서게 하소서
그들을 일으켜 다시 서게 하소서.

—2023. 2. 6.

* 케말 파샤 : 튀르키예(구 터키)공화국의 창시자 · 초대 대통령.

기적 Aya에게

시리아·튀르키예를 삼킨 강진
거대한 빌딩숲·마을의 잔해가
삽시간에 처참한 산더미로 쌓였다

어둠 속에 갇힌
싸늘한 어미와
탯줄로 연결된 신생아
첫울음에 지쳐 딸꾹질만
죽음 직전에 기적을 주셨다

위대한 어미의 우주에서
4Kg의 체중
오동통 잘 자란 신비한 생명
아기는 초롱초롱 눈이 맑았다
'기적Aya'이란 이름
만인의 사랑 속에 행복한
삶이기를 세계인이 속삭여준다.

—2023. 2. 6.

* Aya : 생후 3시간 만에 구조된 신생아. 병원에서 지어준 이름. '기적'이란 뜻.

홀가분하게

옥탑방에
잠자던 빈 항아리

볼 때마다
애처롭더니
임자 있어
몽땅 시집보내는 날

정든 애들
보내면서
홀가분하다니
참 이상하다

나 눈 감는 날
이렇게 홀가분할까
푸른 하늘
훨훨 날아서
홀가분하게 떠나리라
사람의 종자로
분수대로 살다 간다면서.

새천년해안도로를 따라

초판 1쇄 인쇄 | 2023년 4월 5일
초판 1쇄 발행 | 2023년 4월 10일

지은이 | 신 정 일
발행인 | 윤 영 희
주 간 | 이 현 실

발행처 | 도서출판 동행
출판등록 | 2011. 6. 8. 제301-2011-098호
주 소 | 서울시 중구 충무로 7길 17
전 화 | 02-2285-2734, 2285-0711
팩 스 | 02-338-2722

정가 15,000원

ISBN 979-11-5988-033-9